# Die Vorteile eines spirituellen Lebens

Von Esmiralda

AF176214

**Buchbeschreibung:**

„Dieses Buch wird Ihnen genau zeigen, was Sie tun müssen, um endlich mit Ihrer Spiritualität erfolgreich zu sein!"

Als jemand, der genau wie Sie mit der Spiritualität zu kämpfen hatte, habe ich lange gesucht, um die besten Strategien zur Lösung dieses Problems zu finden. Ich habe jahrelange Erfahrungen in diesem Bereich, um Ihnen zu helfen, Ihre Frustration zu beenden. Sie können aufhören, all die Informationen zu suchen, die Sie brauchen, um ein spirituelleres Leben zu führen!

Alles, was auf der Erde existiert, ist miteinander verbunden. Diese Verbindung ist Einheit und Ganzheit. Die meisten Menschen verstehen unter Einheit etwas Vollständiges oder Ganzes, das aus zwei oder mehr Teilen besteht. Es bedeutet, dass es nur „EINS"gibt.

Es ist wahr, dass es für einen Menschen schwer zu verstehen ist, dass das Leben eine Einheit sein kann. Und dass es nichts gibt, was man davon trennen könnte. Der Grund für dieses Konzept ist, dass der Mensch glaubt und durch seine Ansichten überzeugt ist, dass alles von ihm getrennt ist. Dieses Buch wird Sie zum Nachdenken anregen, neue Dimensionen öffnen und ihnen ein neues Leben schenken.

**Über den Autor:**

Esmiralda ist in eine spirituelle Familie geboren. Sie ist mit dieser Welt aufgewachsen und hatte bereits mit 4 Jahren erste Visionen. Sie sieht es als ihre Lebensaufgabe Menschen ihren Weg zu erkennen und zu helfen die richtigen Entscheidungen zu treffen. Sie legt Karten als Unterstützung für ihre Visionen, sie ist vertraut mit der besonderen Form der Zigeunerrituale und eingeweiht ist den Großmeistergrad des Reiki. Sie hat sich selber in unzählige Reikiformen einweihen lassen, um ihren Horizont immer weiter zu erweitern. Zusätzlich hat sie eine diplomierte abgeschlossene Ausbildung in Parapsychologie und kann auf eine 48-jährige Erfahrung zurückblicken. „Ich möchte den Menschen mit meiner Gabe helfen. Sie unterstützen und wie eine gute Freundin zur Seite stehen. Viele Ratsuchende begleite ich seit Jahren, da entsteht natürlich auch eine freundschaftliche Bindung. Ich erkennen die Seele eines Menschen,    seine Besonderheiten, d e ihm oft selber nicht bewusst ist, vielleicht ist das die besondere Begabung. Ich lebe sehr zurückgezogen, weil ich schätze, dass ich einfach sehr gerne Zeit mit mir selber verbringe. Ich liebe die Stille und die wirkliche Erleuchtung findet man eben nur in sich selbst."

# Die Vorteile eines spirituellen Lebens

## Die eigene Besonderheit erkennen

von Esmiralda

1. Auflage,

© 2021, Esmiralda E.

Alle Rechte vorbehalten.

Herstellung und Verlag:

BoD – Books on Demand, Norderstedt

ISBN: 9783754344231

# Kapitel 1: Die Grundlagen der Spiritualität

Was ist Spiritualität? Wie entdecken die Menschen ihre Spiritualität? Wenn Sie die wirkliche Antwort auf diese Fragen nicht kennen, brauchen Sie ein umfassendes Nachschlagewerk, um Ihr Wissen zu erweitern. Das ist der Grund, warum Sie diesen Leitfaden lesen müssen.

## *Spiritualität definiert.*

Spiritualität hat verschiedene Bedeutungen. In einigen Büchern wird sie als eine Reise der Selbstverbesserung und Selbstentdeckung definiert. Andere definieren Spiritualität auch als das Gegenteil von Religion. Um Spiritualität besser zu verstehen, sind hier einige Definitionen aufgeführt:

- Das Konzept eines Lernprozesses, bei dem man nicht nur lernt, wer man sein will, sondern auch, wer man ist.

- Es ist die Verbindung zu dir und zu anderen Menschen. Spiritualität ist persönlich und wurzelt in der Verbindung mit den Menschen um dich herum.

- Bezieht sich auf Zweck, Sinn und Richtung. Sie hilft dabei, Schlussfolgerungen zu ziehen, umfasst die Idee, sich vorwärts zu bewegen, und nach der Richtung oder dem Sinn des eigenen Lebens zu suchen.

- Der Streit, über seine Grenzen hinauszuwachsen. Er hält den Geist offen, versucht, die Überzeugungen anderer Menschen zu akzeptieren und hinterfragt gängige Standpunkte.

Wenn man die wahre Definition von Spiritualität versteht, kann man leicht sagen, wie wichtig sie ist. Die wichtigste Frage ist, wie Sie Ihre Spiritualität entwickeln können. Ihre spirituellen Aspekte zu verbessern ist nicht so schwer, wie Sie denken. Wenn du nicht weißt, wie du sie entwickeln kannst, brauchst du dir keine Sorgen zu machen. Lesen Sie einfach weiter und beginnen Sie zu lernen.

**Entwickeln Sie Ihre Spiritualität für ein besseres Leben.**

Die Spiritualität bietet verschiedene Vorteile für Ihr Leben, sowohl physisch als auch emotional. Das ist der Grund, warum Sie Ihre spirituellen Aspekte entwickeln müssen. Auf diese Weise können Sie leicht Ihre Bestimmung erkennen, herausfinden, was Sie wirklich lieben und vieles mehr.

Experten zufolge können positive Überzeugungen zur Verbesserung Ihrer Gesundheit beitragen. Wenn Sie Ihr spirituelles Leben entwickeln, haben Sie die

Möglichkeit, Ihre Bedürfnisse und die Bedürfnisse anderer Menschen genau zu verstehen. Zu Ihrer Orientierung finden Sie hier einige Möglichkeiten, Ihre Spiritualität zu entwickeln:

Gemeindedienst - dies kann dazu beitragen, dass Sie besser verstehen, was Sie wirklich wollen, was andere wollen und wie sich andere Menschen von Ihnen unterscheiden.

Führen Sie ein Tagebuch - das Aufschreiben von Ereignissen und besonderen Momenten kann Ihnen dabei helfen, Ihr persönliches Leben zu reflektieren. Es hilft Ihnen auch dabei, festzustellen, wie Sie gewachsen sind und sich verbessert haben.

Yoga - ermöglicht es Ihnen, innerlich zur Ruhe zu kommen und Ihren Geist für Inspiration zu öffnen. Beten - Beten ist eine der wirkungsvollsten Methoden, die dazu beitragen können, sich zu verbinden und Frieden zu finden.

Wenn Sie die oben genannten Tipps beachten, brauchen Sie sich keine Sorgen zu machen, wie Sie Ihre geistigen Aspekte entwickeln können. Sie können alles, was Sie wissen wollen, leicht verstehen. Sie müssen nur einen perfekten Leitfaden verwenden, um zu erfahren, was Spiritualität ist und wie sie Ihnen hilft.

## Kapitel 2: Über Spiritualität und Reichtum

Andere Menschen mögen ihre eigene Überzeugung haben, und Sie sind herzlich eingeladen, sie zu äußern. Extravagantes Verlangen nach Reichtum und Dingen, die man nicht haben kann, führt ins Elend, da stimme ich zu.

Extravagantes Horten von Geld oder das Streben nach Geld allein und nicht nach der Freude daran oder an den einfachen Dingen des Lebens führt zu Krankheit und Depression. Kürzlich hatte ich eine zutiefst spirituelle Person, die sagte, sie wolle kein Geld, was ich nach dem Gesetz der Anziehung für eine furchtbare geistige Einstellung zum Leben hielt.

Wer die Fülle in seinem Leben verleugnet, versperrt sich alle Wege des Fortschritts. Und das brachte mich dazu, über das Thema nachzudenken, wann man eine Grenze zur Spiritualität zieht oder wie man ein Gleichgewicht zwischen den beiden Bereichen in seinem Leben findet. Wie erkennen wir die uns zugewiesene Rolle im Leben oder in dieser Welt? Was wäre, wenn unsere Rolle darin bestünde, Geld einzunehmen, um damit anderen Menschen Gutes zu tun, wie die Rolle eines Philanthropen?

## Die Grundlagen

Wenn alle Menschen auf der Welt die Fülle aus ihrem Leben verbannen würden, um der Spiritualität nachzujagen, wer würde dann die Hungrigen ernähren und die Kranken heilen? Ich weiß, dass einige von euch denken, dass dies im Widerspruch dazu steht, das Leben einfach zu machen. Fülle ist ein Teil unseres Lebens. Wir brauchen Fülle in unserem Leben (es ist das Geben, das wir empfangen ...), aber gebt nicht nur mit dem Ziel, allein zu sein, sondern um das Leben eines anderen zu verbessern.

Seien Sie jedoch nicht so ungebunden, dass Sie das Glück

ausschließen, wenn es an Ihre Tür klopft. Auch wenn es dir vielleicht nichts nützt oder du nicht das Verlangen danach hast, da du dich zu höheren Ebenen der Spiritualität entwickelt hast, so gibt es doch eine Menge verdienter, leidender Menschen, die deine Hilfe benötigen.

Dem Sie spenden können, was Sie vielleicht nicht brauchen. Es ist das gesunde Gleichgewicht der beiden Bereiche in Ihrem Leben, das zu echtem Glück führt; meiner Meinung nach sind sie wie die beiden parallelen Linien eines Eisenbahngleises.

Damit der Zug, den wir Leben nennen, reibungslos fahren kann, müssen beide Linien intakt und parallel sein, damit das Leben ausgezeichnete Höhen erreichen kann. Es ist unsere Pflicht uns selbst gegenüber, ein großartiges Leben zu führen und nicht, uns einen Mangel zu wünschen. Ich glaube jedoch nicht an die Quantität.

Ich bin ein überzeugter Anhänger von Qualität. Also entscheide ich mich für ein kurzes, aber geistig reiches Leben voller Gesundheit, Überfluss und Dienst an anderen Menschen. Das erinnert mich an das Gebet: "Herr, gib mir
die Kraft, Dinge zu ändern, die ich ändern kann, und den Mut, Dinge zu akzeptieren, die ich nicht ändern kann, und die Intelligenz, den Unterschied zu erkennen." Ich kann mich selbst ändern, aber ich kann

andere Menschen nicht ändern, wenn ich es weiß, also lasse ich meine Sache ruhen.

Lassen Sie mich zunächst erklären, dass es in diesem Buch nicht um Religion geht; dennoch haben wir alle unsere spirituelle Seite. Wir kümmern uns um einander, wir kümmern uns um unsere Lieben, unsere Gesellschaft, unsere Gemeinschaft und unsere Erde. Wir sind alle in vielerlei Hinsicht miteinander verbunden. Das ist schon verdammt spirituell. Wir haben eine besondere Verantwortung für unsere Lieben, unsere Gesellschaft, unsere Gemeinschaft und unsere Erde.

Auf unserem Weg zu einem Leben in Fülle haben wir viele Möglichkeiten, miteinander in Verbindung zu treten und uns gegenseitig zu helfen. Das ist Teil des spirituellen Lebensstils; viele Dinge und Personen werden deinen Weg auf der Jagd nach spiritueller Fülle kreuzen. Es gibt keine Zufälle und keine zufälligen Ereignisse; alles geschieht aus einem bestimmten Grund. Jeder hat eine Aufgabe auf dieser Erde, ob Sie sie kennen oder nicht, ob Sie ihr vertrauen oder nicht. Zu lernen, diesen Grund zu suchen, ist Teil des spirituellen Lebens.

Damit diese Fülle zu Ihnen fließen kann und Sie sich nicht ablenken lassen, müssen Ihre Leidenschaften abgewogen werden. Sie müssen lieben, was Sie tun, und leidenschaftlich sein für das, was Sie als Beruf tun. Es sollte etwas sein, das Ihre Seele erfreut. Wenn Sie diese Leidenschaft an die Oberfläche kommen lassen, werden Sie feststellen, dass der Kosmos sich in Ihre Richtung bewegt, um Sie in Ihrem Streben zu unterstützen.

Wenn Sie etwas ausführen, das Sie gerne tun, hat die Fülle keine Hindernisse auf dem Weg zu Ihnen. Wenn Sie Wonne und Freude an dem, was Sie tun, nach außen strahlen, strahlt der Kosmos und der Reichtum zu Ihnen zurück.

Was immer du der Welt gibst, bekommst du auch zurück. Im Grunde ist es die goldene Regel: Was du willst, dass man dir tut, das füg auch keinem anderen zu. Probieren Sie es selbst aus. Wenn Sie das nächste Mal unterwegs sind, lächeln Sie jemanden an und sagen Sie danke. In 99 % der Fälle werden Sie ein Lächeln und ein aufrichtiges "Gern geschehen" zurückbekommen. Das ist eine wirklich einfache Veranschaulichung.

Das soll nicht heißen, dass alles, was Sie nach außen geben, immer sofort zu Ihnen zurückkommt. Gelegentlich dauert es ein wenig länger, aber Sie werden es zurückbekommen. Das ist eine Selbstverständlichkeit; das können Sie auf die spirituelle Bank bringen. Was man austeilt, sollte man als Geschenk betrachten. Was sollen wir mit dieser Gabe erreichen? Mutter Teresa sagte: "Gebt eure Hände, um zu dienen, und eure Herzen, um zu lieben".

Dies ist ein Segen, den Sie verschenken, und doch entdecken Sie, dass er Ihnen zehnfach zurückgegeben wird. Unserer Welt etwas zurückzugeben ist ein notwendiges Element des Überflusses.

Die Fülle beginnt wirklich bei Ihnen, in Ihnen, nicht außerhalb von Ihnen. Du sendest ihn in den Kosmos aus. Auf diese Weise vermehren Sie Ihren eigenen inneren Reichtum, indem Sie ihn mit anderen Menschen teilen. Er wird zu Ihnen zurückgeschickt, wenn Sie es am wenigsten erwarten. Wenn Sie dies praktizieren, werden Sie feststellen, dass Sie ein Fenster geöffnet haben, das erstaunliche Möglichkeiten für Sie selbst und andere Menschen eröffnet. Je mehr Sie teilen, desto größer wird Ihre Welt.

Eine andere Komponente des Überflusses, vielleicht die wichtigste Komponente, ist das Gefühl der Dankbarkeit. Ohne Dankbarkeit für das, was man bekommt, wird man sich selbst wieder vom natürlichen Fluss des Überflusses abschneiden. Es gibt eine Kraft im Universum, eine, die das Geben und Nehmen dieses natürlichen Flusses demonstriert. Ihr Verstand und Ihr Herz müssen mit dieser Kraft in Einklang stehen, damit Sie die Fülle in Ihrer Lebensgeschichte wirklich genießen können.

Dankbarkeit ist wichtig, um Ihren Geist auf den Gedanken auszurichten, dass der Vorrat an Fülle grenzenlos ist. Es ist sehr einfach, in eine Mentalität der Knappheit oder des Mangels statt in eine Mentalität der Fülle zu verfallen; versuchen Sie also, dies zu verhindern. In dem Moment, in dem Sie spüren, dass Sie wieder in die Mentalität des Überflusses abgleiten, sagen Sie laut "Danke" für alles, was Sie haben, und für alles, was Sie noch bekommen werden.

Es ist auch eine gute Idee, sich hinzusetzen und alle Segnungen aufzuschreiben, für die Sie in Ihrem Leben dankbar sind. Wenn du dich niedergeschlagen fühlst, ist das ein besonders guter Zeitpunkt, um dich an alles zu erinnern, was du hast, anstatt ständig an all das zu denken, was du nicht zu haben glaubst.

Viele Menschen schreiben in "Dankbarkeitstagebücher" und halten täglich fest, wofür sie in ihrem Leben dankbar sind.

## Kapitel 3: Erkennen Sie, wo Ihre Spiritualität Probleme hat

Können Sie Ihre Spiritualität nutzen, um Ihren Problemen im Leben zu entkommen? Ja! Das ist möglich. Wenn du Probleme im Leben hast, bedeutet das nicht, dass dein Leben sinnlos ist. Denken Sie daran, dass es immer eine Lösung für jedes Problem gibt. Du musst nur danach suchen und lernen, vorwärtszugehen.

## *Wo haben Sie Probleme?*

Um Ihre Spiritualität zu erkennen, fragen Sie sich, ob Sie sich mit einem der folgenden Szenarien identifizieren können:

Sie wollen sich nicht um die realen Dinge kümmern - das bedeutet, dass Sie lieber an Ihrer persönlichen oder geistigen Entwicklung arbeiten.

Sie ziehen es vor, sich mit Menschen zu umgeben, die sehr spirituell sind - Wie andere möchten Sie keine Freunde haben, die ihre Weltanschauung nicht teilen.

Bevorzugen Sie eine Meditation über mehrere Stunden.

Verbringen Sie mehr Zeit damit, Ihre Vision zu erschaffen, und finden Sie es schwer, die Dinge hier auf der Erde zu akzeptieren.

Wenn Sie sich auf diese Situationen oder Aussagen beziehen können, bedeutet das, dass Sie mit Ihrer Spiritualität nicht im Gleichgewicht sind. Um Ihr Problem zu lösen, müssen Sie einen richtigen Schritt machen. Sie müssen anfangen, Ihre spirituellen Aspekte zu verbessern. Wie können Sie das tun?

**Wie Sie Ihre Spiritualität Schritt für Schritt ausbauen können.**

Um Ihre Spiritualität zu verbessern, müssen Sie mehrere Schritte befolgen.

Wie andere auch sind Sie sich wahrscheinlich nicht über diese verschiedenen Schritte im Klaren. Hier sind sie zu Ihrer Orientierung:

Schritt 1: Nehmen Sie Ihre Talente an - das bedeutet, dass Sie Ihre besonderen Gaben und Ihre Intelligenz verbessern müssen. Deine Talente können dich zu deinem einzigartigen Wege. Folgen Sie einfach Ihrer Leidenschaft und Sie können leicht herausfinden, wo Sie in dieser Welt hingehören.

Schritt 2: Lernen Sie, Ihre Probleme zu lösen - wenn Sie Probleme im Leben haben, müssen Sie stark sein. Auch wenn Probleme im Leben dich emotional und geistig beeinträchtigen, bedeutet das nicht, dass du einfach aufgibst. Sie müssen auch lernen, Ihre zukünftigen Probleme zu ignorieren.

Schritt 3: Übernimm Verantwortung - wenn du Fehler machst, schiebe sie nicht auf andere. Seien Sie immer ehrlich zu den Dingen, die Sie getan oder gesagt haben. Du musst dich auch darauf konzentrieren, wie du deine Probleme lösen kannst, anstatt von anderen Menschen um dich herum Veränderungen zu erwarten.

Schritt 4: Die Realität akzeptieren - hier geht es um Liebe und Glück. Wenn man jemanden liebt, muss man die Tatsache akzeptieren, dass man sich verabschieden muss. Nicht alle Beziehungen halten für immer. Der Person Mitgefühl und Liebe zu geben, ist das Gewissenhafteste, was man tun kann.

Schritt 5: Veränderungen akzeptieren - Veränderungen zu akzeptieren ist nicht so einfach, wie Sie denken. Sie können es jedoch schrittweise tun. Sie müssen sich nur darin üben, dass eine bestimmte Sache oder Person nicht mehr existiert oder sich bereits verändert hat.

Schritt 6: Akzeptieren Sie Verzögerungen - Frustration und Ungeduld werden Ihnen in keiner Situation helfen. Um dieses Gefühl zu bekämpfen, müssen Sie lernen, wie Sie sich in ein neues Gebiet stürzen können. Man muss wissen, wann man warten und wann man vorwärtsgehen muss.

Abgesehen von den oben genannten Dingen können Sie auch lernen, wie Sie sich selbst lieben können. Ihr Körper wird Ihnen dabei helfen, Ihre geistigen Aspekte zu entwickeln. Um dies zu tun, müssen Sie Ihren Körper verwöhnen, Sport treiben, Krankheiten bekämpfen und einen gesunden Lebensstil pflegen. Darüber hinaus müssen Sie auch lernen, zu verstehen, dass der menschliche Körper immer abläuft. Wenn man jemanden verliert, den man liebt, muss man stark sein und sich der Realität stellen.

## Kapitel 4: Spirituelle Zitate

Spirituelle Zitate können Sie inspirieren. Schauen wir uns ein paar an.

### Zitate

- "Das schönste Paradoxon... sobald man alles aufgibt, kann man alles haben. Solange du Macht haben willst, kannst du sie nicht haben. In dem Moment, in dem du keine Macht mehr willst, wirst du mehr haben, als du dir je erträumt hast." - Ram Dass

- "Es ist nützlich, verschiedene Traditionen zu studieren, um frei zu sein von der Anhaftung an eine bestimmte Art, das auszudrücken, was jenseits des Ausdrucks liegt. (x)" - Ravi Ravindra, Die Weisheit des Patanjali's
Yoga Sutras: Eine neue Übersetzung und Anleitung von Ravi Ravindra

- "Er ist es, der sich in jedem Gesicht offenbart, der in jedem Zeichen gesucht wird, der von jedem Auge betrachtet wird, der in jedem Objekt der Anbetung verehrt wird und der im Unsichtbaren und Sichtbaren verfolgt wird. Kein einziges Seiner Geschöpfe kann Ihn nicht in seiner ursprünglichen und ursprünglichen Natur finden. al-Futûhât al-Makkiyya"

• "Kein Wunder, dass es nicht beliebt ist, ein echter Christ zu sein. Wer will schon leiden, damit er Freude finden kann?" - Michelle Sutton, Loslassen

• "In letzter Zeit bin ich zu der Überzeugung gelangt, dass der Hauptunterschied zwischen Himmel und Hölle die Gesellschaft ist, die man dort hat...." - Lois McMaster Bujold

• "Schließe Frieden mit dir selbst, und Himmel und Erde werden Frieden mit dir schließen." - Isaak von Ninive

- "Nach den esoterischen Lehren fließt die Macht mit den Gedanken, und was wir denken, ist das, was wir mit unserem persönlichen Wert versehen.

- Wenn man die Materie höher bewertet als den Geist, verliert man den Kontakt zu seiner höheren Macht, so einfach ist das." - Shaeri Richards, Der Tanz mit dem Drachen: Die Kunst, dein unliebsames Selbst zu lieben

- "Notiz und Zitat an mich selbst - Was Sie denken, sagen und tun! Dein Leben besteht hauptsächlich aus 3 Dingen! Was du denkst, was du sagst und was du tust! Sei dir also immer sehr bewusst, was du miterschaffst!" - Allan Rufus, Das Heilige Wissen des Meisters

• "Wir sind verschleierte Geister." - Christopher Pearse Cranch

• "Finde dich selbst, und wenn du das getan hast, lass dich nie wieder gehen" - Coach Cassandra

• "Was du gewinnst, wird ein anderer verlieren, denn was da ist, ist alles, was da ist. Was du teilst, wird ein anderer haben, denn was da ist, ist genug für alle." - Rohan Perera, Ein anderer Tag aus der Welt von Ro und Mo

- "Christus in euch ist die Hoffnung der Herrlichkeit..." "Dein Leben bewegt sich in die Richtung deines vorherrschenden Gedankens" "Liebe ist niemals unsicher" "Die Wahrheit verlangt eine Antwort" - Viele Autoren

- "Ich wurde als Teenager in einem Fluss getauft. Sonntags gehe ich meistens in die Kirche. Mein Lieblingsbibelvers ist 'Jesus weinte'." "Weil er der kürzeste ist?" Er lächelte fast. "Nein. Weil er besagt, dass Jesus wusste, was es heißt, zu trauern. Er hatte gerade seinen besten Freund an einer Krankheit sterben lassen, obwohl er noch rechtzeitig hätte kommen können, um ihn zu retten. Ich denke, er war zwischen einem Fels und einem harten Ort und der harte Ort ließ seinen Freund sterben. Er trauerte. Dann, als er konnte, ging er hin und holte seinen Freund aus dem Grab, und er wusste, dass er selbst sterben würde, wenn er das täte." - Faith Hunter, Bluthandel

• "Du bist nicht so unbedeutend, wie man dir oft gesagt hat, und du bist auch nicht bedeutender, als du dir oft eingeredet hast." - Maureen Moss

• "Sich der Sünde zu enthalten, wenn man nicht

mehr sündigen kann, bedeutet, von der Sünde verlassen zu werden, nicht, sie zu verlassen" - Augustinus von Hippo

• "Höre auf, deinen inneren Frieden zu stören, und du wirst ihn absolut wiedererlangen..." - Namasté Anonymous

• "Der Ausgangspunkt jeder Leistung ist der Wunsch" - Napoleon

Hill, Napoleon Hills Schlüssel zum Erfolg: Die 17 Prinzipien der persönlichen Verwirklichung

• "Erinnere dich immer daran, wo auch immer du bist, ob nah oder fern, du hattest eine Mutter, die dich wirklich,

wirklich geliebt hat. Die ursprüngliche Mutter. Wenn du einmal deinen wahren inneren Guru gefunden hast, kannst du nie wieder geteilt werden. Die vollkommene Vereinigung mit dem Göttlichen, durch die Gnade deines wahren Lehrers, transzendiert Zeit, Raum, Tod und alle weltlichen Beschränkungen. Dein wahrer Lehrer ist die ursprüngliche Mutter - unabhängig davon, in welcher manifesten oder nicht-manifesten Form oder in welchem Geschlecht sie erscheint. Diejenige, die dich nährt und die dich auch aus Weisheit und Mitgefühl korrigiert, wenn du fehlgeleitet bist." - —

Zeena Schreck

• "Ich schreibe, weil ich hoffe. Ich schreibe, weil ich Glauben habe. Hoffnung. Hoffnung, wie eine frische Blume, die im Sand meines Herzens wächst. Glaube. Glaube wie das Meer, das erst untergehen wird, wenn das Meer verschwindet ." - Katerina Kostaki, Kosmisches Licht

• Sei nicht in deiner äußeren Welt gefangen. Achten Sie mehr auf Ihre innere Welt" - Allan Rufus

• "Es ist schlecht, vor seiner Zeit alt zu werden. Schlimmer ist es, in seinem Geist überhaupt nicht zu

wachsen." - Stabley Victor
Paskavich

• "Harte Arbeit bleibt
nicht unbemerkt, und eines
Tages werden die Belohnungen
folgen" - Allan Rufus, The
Master's Sacred Knowledge

• "Wer voller Weisheit
ist, ist von Natur aus
mitfühlend; tatsächlich
erkennen wir, dass jemand
geistige Weisheit erlangt hat,
wenn wir sein mitfühlendes
Verhalten sehen. . . .
Einzelpersonen und Länder mit
Macht müssen Weisheit und
Mitgefühl entwickeln, denn
ohne diese Eigenschaften
besteht die Gefahr, dass die
Macht dazu benutzt wird,

andere zu unterdrücken und auszubeuten. (31)" - Ravi Ravindra, Die Weisheit der Yoga Sutras von Patanjali: Eine neue Übersetzung und Anleitung von Ravi Ravindra

• "Erleuchtung ist das Ziel - Liebe ist das Spiel - Schritte machen sind die Regeln! - Allan Rufus" - Allan Rufus

• Meine Worte, Gedanken und Taten haben einen Bumerang-Effekt. Sei also vorsichtig mit dem, was du aussendest!" - Allan Rufus, The Master's Sacred

• Finde heraus, was meine individuelle göttliche und

einzigartige Kraft IST und bringe sie in Harmonie mit allem Leben nach außen!" - Allan Rufus
Das heilige Wissen des Meisters

• "Wenn wir nicht den ersten Schritt ins Unbekannte wagen, werden wir unser eigenes Potenzial nie erkennen!" - Allan Rufus, The Master's Sacred
Wissen

• "Das Leben sollte berührt, nicht erwürgt werden." - Ray Bradbury

## Kapitel 5: Das Einssein verstehen

Alles, was auf der Erde existiert, ist miteinander verbunden. Die Verbindung ist Einheit und Ganzheit. Die meisten Menschen verstehen unter Einheit etwas Vollständiges oder Ganzes, das aus zwei oder mehr Teilen besteht. Es bedeutet, dass es einen Gott gibt.

Es ist wahr, dass es für einen Menschen schwer zu verstehen ist, dass das Leben eine Einheit sein kann. Und dass es nichts gibt, was davon zu trennen wäre, einschließlich Gott. Der Grund für dieses Konzept ist, dass der Mensch glaubt und durch seine Sichtweise überzeugt ist, dass alles von ihm getrennt ist.

## *Einssein definiert.*

Das Einssein ist ziemlich schwer zu verstehen, weil die Menschen so sehr in eine Welt der Dinge vertieft waren. Die Menschen können das Einssein durch den Teil von sich selbst stimulieren, der die Stille kennt, wo es keine Dinge und keine Namen gibt. Auf diese Weise können die Menschen beginnen, ihre Verbindung zur Erde, zu allen Menschen und zum Universum zu spüren.

Einssein ist das Konzept, dass alle Dinge und Phänomene miteinander verbunden sind. All diese scheinbaren Trennungen sind Illusion und sie sind mehr als nur eine Philosophie. Das Konzept des Einsseins ist keine Theorie oder eine persönliche

Meinung. Es ist ein Zugang zum Verständnis der Realität. Diese Idee besagt, dass alle Dinge, unabhängig von Form, Zustand, Energie, Dauer, Dichte usw., ein einziges grenzenloses Wesen sind.

**Lernen, das Einssein anzunehmen.**

Das Einssein zu umarmen ist nicht zu schnell und einfach. Die Herrlichkeit Gottes ist in jedem Menschen. Wenn du dich getrennt fühlst, dann ist es die Trennung von dir selbst, die du spürst. Um das Einssein anzunehmen, müssen Sie zuerst sich selbst lieben. Sie müssen auch Ihren Wert erkennen.

Wenn du dich selbst liebst, wirst du jeden Menschen und jedes Lebewesen auf der Erde lieben.

Ihr werdet ohne jeden Einwand lieben. Wenn ihr das getan habt, dann werdet ihr die Einheit lieben.

## Kapitel 6: Beruhigen Sie Ihren Geist

Der Versuch, einen vollen Terminkalender zu führen, kann sehr stressig sein. Sobald Sie sich in einer sehr stressigen Situation befinden, werden Sie merken, wie Ihr Geist reagiert. Sie werden hyperaktiv und können sich nicht mehr so leicht auf die Dinge konzentrieren, die Sie tun müssen.

Wenn Sie einen ruhigen Geist haben wollen, müssen Sie lernen, wie Sie sich beruhigen können. Glücklicherweise gibt es mehrere Möglichkeiten, wie man seinen Geist beruhigen kann. Wenn du diese verschiedenen Möglichkeiten nicht kennst, ist dies deine Chance, sie zu erforschen und eine große Veränderung herbeizuführen.

### *Effektive Wege zur Beruhigung Ihres Geistes*

Die Beruhigung Ihres Geistes kann auf verschiedene Weise erfolgen. Je nach Wahl können Sie eine oder mehrere Strategien anwenden, um Ihr Problem zu lösen.

Hier sind einige Leitfäden, die Sie beachten sollten:

- Tiefe Atemübungen - wenn Sie einen hektischen Zeitplan haben, neigt Ihr Geist dazu, nach einem langen Tag versucht zu werden. Wenn Sie gestresst sind, kann Ihr

Geist nicht mehr so leicht intelligent und kreativ denken. Sie werden auch ängstlich und Ihr Geist denkt ständig an negative Dinge. Um dieses Problem zu lösen, müssen Sie tiefe Atemübungen machen. Diese Strategien helfen dir dabei, mehr Sauerstoff in deinen Blutkreislauf zu bekommen. Dadurch wird die Sauerstoffversorgung und die Blutzirkulation im Gehirn gefördert.

• Warm duschen - um Stress zu bekämpfen, müssen Sie Ihren Geist durch eine warme Dusche beruhigen. Mischen Sie einfach Wasser mit einem Löffel Backpulver und Salz. Diese Substanzen können dabei helfen, schlechte Giftstoffe in Ihrem Körper zu entfernen. Auf diese Weise fühlen Sie sich verjüngt und voller Energie.

- Hören Sie Ihre Lieblingsmusik - das kann Ihren Körper und Ihren Geist beruhigen. Je nach Ihren Vorlieben können Sie Balladen, klassische oder moderne Lieder hören. Es gibt auch einige Menschen, die sich bei.

- Leichtigkeit der sie spielen Heavy Metal oder Rockmusik. Welches Genre Sie auch immer bevorzugen, es ist wichtig, dass die Musik Ihren Geist und Ihre Stimmung beruhigen kann.

- Besuchen Sie ein Massagezentrum - um Ihren Geist

zu beruhigen, können Sie in ein Spa oder Massagezentrum gehen. Lassen Sie sich einfach eine Ganzkörpermassage geben. Dies kann die Blutzirkulation und die Sauerstoffzufuhr fördern. Je nachdem, welches Zentrum Sie bevorzugen, kann die Massagebehandlung eine oder zwei Stunden dauern.

Abgesehen von den oben genannten Möglichkeiten können Sie auch meditieren. Weitere Möglichkeiten, den Geist zu beruhigen, sind ehrenamtliche Tätigkeiten in der Gemeinde, das Spielen mit Haustieren oder Kindern, die Nutzung des Geistes für freudige Beschäftigungen und vieles mehr.

Da Sie viele Optionen zur Auswahl haben, müssen Sie sich keine Gedanken darüber machen, wie Sie Ihren Geist beruhigen können.

Befolgen Sie einfach die oben genannten Tipps und Sie werden sich besser fühlen als zuvor. Auch wenn Sie einen stressigen Tag haben, können Sie Ihren Geist und Ihren Körper leicht aktiv machen.

# Kapitel 7: Mantras verwenden

Die meisten Menschen fragen: Was ist ein Mantra? Das ist ein Satz oder ein Wort, das bei regelmäßiger Meditation immer und immer wieder wiederholt wird. Mantras haben ihren Ursprung im Buddhismus und Hinduismus und besitzen geheimnisvolle Eigenschaften. Sie können dabei helfen, während der Meditation eine gesunde Verlagerung vom Körper nach oben zu fördern.

Mantras können auch dazu verwendet werden, den Tag auszugleichen. Sie sind auch perfekt, um die Kraft zu steigern oder die täglichen Gewohnheiten zu ändern. Einer der Hauptvorteile von Mantras ist ihre heilende Wirkung.

Durch die Verbindung mit den Mantras können Sie den erkrankten und betroffenen Bereich leicht umprogrammieren. Sie können auch helfen, die Verbindung zwischen Körper und Geist zu beeinflussen. Dadurch ist es für dich einfach, unerwünschte Empfindungen durch Positivität und Liebe zu ersetzen.

## *Tipps für die Verwendung von Mantras*

Da die meisten Menschen sehr beschäftigt sind, vernachlässigen sie oft das Meditieren. Um zu meditieren, müssen Sie nicht mehr Zeit aufwenden. Fünfzehn Minuten reichen aus, vorausgesetzt, man macht es richtig. Durch die Verwendung von Mantras kann man leicht meditieren.

Wenn Sie neu im Umgang mit Mantras sind, ist dies Ihre Chance zu verstehen, wie Sie sie verwenden können.
Nehmen Sie einfach die folgenden Tipps als Referenz:

- Lernen Sie Ihr Mantra auswendig - Je nach Ihrer Wahl können Sie ein traditionelles Mantra wie das buddhistische

"Om Manu Padme Hum" verwenden.

Sie können auch eine persönliche Phrase verwenden, die Ihr Selbstvertrauen und Ihre Stimmung hebt. Mit diesen Mantras können Sie gut meditieren und positive Ergebnisse erwarten.

• Suche nach dem besten Ort - um deine Mantras anzuwenden, musst du den richtigen Ort finden. Das bedeutet jedoch nicht, dass Sie mehrere Stunden reisen müssen. Du kannst einen Ort in deiner Gemeinde oder in deiner Umgebung wählen. Wie empfohlen, wählen Sie einen stillen Ort für die ultimative Meditationserfahrung. Sie können auch jeden Morgen oder spät am Abend meditieren.

- Sitze bequem - um deine Meditation mit Mantras zu beginnen, setze dich richtig hin. Schließen Sie dann die Augen. Du solltest auch in den letzten Minuten deiner Meditation aufhören zu singen. Dies kann dabei helfen, die Mantras, die du wiederholt hast, zu verinnerlichen. Die besten Ergebnisse erzielst du, wenn du deine Mantras regelmäßig anwendest. Dies kann helfen, Stress abzubauen und Klarheit und Frieden in deinen Geist zu bringen.

Die Kraft der Mantras entsteht dadurch, dass du die Verbindung zur Außenwelt loslässt und deine Aufmerksamkeit dazu bringst, in die tieferen Bereiche des Bewusstseins einzutauchen. Deshalb muss man sich auf das Mantra konzentrieren, um einen ruhigen Geist zu haben.

**Top 5 Mantras, die Sie verwenden können.**

Je nach Ihrer Wahl können Sie Ihre Mantras für die Meditation personalisieren. Wie andere auch, kannst du die folgenden Mantras als Leitfaden verwenden:

> Ich bin jetzt anwesend.
>
> Ich bin frei von Traurigkeit.
>
> Liebe ist meine Erfahrung.

Ich liebe mich selbst.

Ich bin stressfrei, zufrieden und fühle mich geliebt.

Abgesehen von diesen Mantras kannst du auch deine eigenen Mantras machen. Um weitere Anleitungen zu erhalten, kannst du dich bei anderen Menschen umhören, die meditieren. Frag sie einfach, welches die effektivsten Mantras sind, die zu ihnen passen. Wenn du dann denkst, dass ihre Mantras dir sehr helfen können, kannst du sie auch verwenden.

## Kapitel 8 : Spirituelle Mantras

Sie können Mantras verwenden, um sich selbst in große Spiritualität und Fülle zu bringen. Schauen wir uns ein paar Mantras an.

### Mantras

- Ich erkenne und ehre den göttlichen Geist in allen, denen ich heute begegne

- Ich entscheide mich dafür, mein Leben so zu leben, dass es dem höheren Wohl aller dient.

- Ich erkenne und akzeptiere die Gabe der Intuition

- Ich erkenne und respektiere alle meine Gefühle

- Die göttliche Liebe wirkt jetzt durch mich

- Ich bin empfänglich für die Botschaften des Universums

- Ich ehre jeden Tag den göttlichen Geist in meiner Umgebung

- Ich entscheide mich, die höheren Botschaften in meinen Träumen und meiner Intuition klar zu verstehen

- Ich bin eine liebende, vergebende, sanfte und freundliche Person

- Ich lasse das Bedürfnis und den Wunsch nach ständigem materiellen Gewinn los

- Ich erkenne

und nehme alle Zeichen

des Universums klar

und deutlich an

- Ich bin der Schöpfer meiner eigenen Zukunft

- Ich akzeptiere andere, wie sie sind, und sie akzeptieren mich, wie ich bin.

- Ich lebe nur im Hier und Jetzt

- Ich ehre die Gabe der Einsicht und entscheide mich dafür, die höheren Botschaften in meinen Träumen und Intuitionen klar zu verstehen

- Ich entscheide mich, nur positive und göttliche Energien in und um mein Leben zu akzeptieren.

- Ich bin eins mit der Schöpfung. Ich bin verantwortlich für alle meine Handlungen

- Ich erkenne und ehre den göttlichen Geist, der jeden Tag in meiner Umgebung allgegenwärtig ist.

- Ich bin ein strahlendes Wesen, erfüllt von Licht und Liebe

- Ich erkenne den göttlichen Geist als allgegenwärtig an

- Ich bin der Schöpfer meines Schicksals

- Ich respektiere und ehre alle göttlichen Gaben

- Die Vergangenheit ist vorbei. Ich lebe nur noch in der Gegenwart

- Ich bin Dirigent des Chors, der mein Leben ist

- Ich bin Autor, Regisseur und Produzent des Films, der mein Leben ist

- Alles ist gut und so, wie es sein sollte

- Ich bin göttlich geleitet in allem, was ich tue, sage und denke

- Ich lerne die Lehren aus meiner Vergangenheit und gestalte die Umstände meiner Zukunft

- Alles, was geschieht, ist nur zu meinem höchsten Wohl.

- Ich bin in perfekter Übereinstimmung mit dem Universum und das Universum ist perfekt

- Die Liebe des Universums fließt jederzeit zu mir, durch mich und um mich herum

- Die Fülle des Universums fließt jederzeit zu mir, durch mich und um mich herum

- Alles ist so, wie es sein sollte

- Ich bin ein spirituelles Wesen, das eine menschliche Erfahrung macht.

- Alles IST und ICH BIN

- Ich bin offen für die Geschenke des Universums

- Ich entscheide mich dafür, mich von der Ignoranz und den Beschränkungen alter Gewohnheiten und Strukturen zu befreien, um mein Wachstum zu fördern

- Ich lasse das Bedürfnis nach Kontrolle los und vertraue auf das Universum

- Ich gebe frei, ohne das Bedürfnis oder die Erwartung zu haben, etwas zu erhalten

- Mein höchstes Gut manifestiert sich gerade jetzt in meinem Leben

- Ich lebe nur das, was für mein höchstes Gut ist

- Das Universum sorgt ganz natürlich und frei für alle meine Bedürfnisse

- "Namaste" (Ich ehre den Gott in dir, den Ort der Liebe, der Wahrheit, des Friedens und des Lichts).

- Ich bin Liebe, ich bin Licht

- Alles, was ich tue, fühle, sage, denke und

projiziere, kommt nur aus dem
Ort der Liebe und des Lichts

•          Ich sende euch Liebe
und Licht


•          Alle Seelen, denen
ich an diesem Tag Unrecht
getan habe, bitte ich um
Vergebung und sende Liebe
und Licht an

•          Ich bin in Frieden


•          Ich bin glücklich


•          Ich wähle das Glück


•          Ich wähle das Glück,
egal unter welchen Umständen

- Ich vergebe allen Seelen, die mir an diesem Tag Unrecht getan haben, und sende Liebe und Licht an

- Ich bin ein kultivierter und weiser und doch bescheidener Mensch

- Ich wähle nur positive Gedanken

- Ich bin positive Energie

- Ich habe alles Wissen in mir

- Ich bin auf der Suche nach meiner Lebensaufgabe

- Ich folge geduldig und aufmerksam der Führung

meines Höheren Selbst auf
dem Weg zur Erleuchtung

•        Ich verpflichte mich der
Führung meines Höheren Selbst

•        Die Antwort, die ich
suche, ist in mir selbst vorhanden

•        Ich bitte geduldig und
respektvoll um göttliche Führung
auf ........

•        Meine Sicherheit liegt in
mir

•        Ich bin ein
strahlendes Licht des
Glücks und bin im Frieden
mit mir selbst

- Ich bin im Einklang mit dem Universum

- Ich bin in Frieden mit allen Menschen um mich herum

- ICH BIN

- Mein Geist und mein Körper sind in völliger Übereinstimmung mit dem Universum

- Ich sende euch Liebe und Licht und das Wissen, dass euer Höheres Selbst euch auf einen Weg führen wird, der zum höchsten Wohle aller ist.

- Alles Gute kommt leicht,

mühelos und im
Überfluss zu mir

- Ich bin immer zur
richtigen Zeit am richtigen Ort

- Ich gebe und empfange
jetzt frei

- Ich verdiene das Beste
und es kommt JETZT zu mir!

- Ich erwarte das Beste
und ich bekomme es JETZT!

- Ich bin frei, meine
eigenen Entscheidungen zu
treffen.

- Ich gebe das
Bedürfnis nach Kontrolle auf

und erlaube meinem Höheren Selbst, mich täglich dabei zu leiten, ein Leben zu führen, das zum höheren Wohl aller führt, mit denen ich in Kontakt bin.

- Ich bin frei, im Hier und Jetzt zu wählen

- Alle Möglichkeiten stehen mir offen, genau hier, genau jetzt

- Mir stehen jetzt alle Möglichkeiten offen

- Ich verdiene es, glücklich und erfolgreich zu sein

- Ich möchte meine eigenen Entscheidungen treffen.

- Ich vertraue auf den Prozess des Lebens

- Ich bin flexibel und offen für Veränderungen in jedem Aspekt meines Lebens

- Ich genieße die perfekte Balance in meinem Leben

- Ich bin frei, so zu leben, wie ich es möchte, und meinen Wünschen den Vorrang zu geben

- Ich habe die Gabe und die Macht der Wahl

- Ich lasse das Bedürfnis los, die Ergebnisse meiner Arbeitssituationen zu kontrollieren, und vertraue auf die Kraft des Universums

- Ich entscheide mich dafür, mein Leben in einer nicht verurteilenden Weise zu leben.

- Ich werde geliebt. Ich nehme die Lektionen an, die das Leben mir bringt

- Ich möchte das Leben in vollen Zügen genießen

- Ich erwarte, dass das Leben mir das gibt, was am besten für mich ist

- Ich möchte nur im Hier und Jetzt leben

- Ich wähle nicht-konfrontative Antworten auf Situationen in meinem Leben

- Ich lasse das Bedürfnis und den Wunsch los, andere zu beurteilen

- Ich lasse das Bedürfnis los, den Ausgang meiner Lebenssituationen zu kontrollieren, und vertraue auf die Kraft des Universums

- Ich ehre das göttliche Geschenk des Lebens

- Ich bin für mein eigenes spirituelles Wachstum verantwortlich

- Ich vertraue darauf, dass alles in meinem Leben zu meinem höchsten Wohl dient und ich alles erhalte, was mir zugedacht ist.

**ARDAS PAYE, AMAR DAS GURU, AMAR DAS GURU, ARDAS PAYE, RAM DAS GURU, RAM DAS GURU, RAM DAS GURU, SUCHE SAHE:**

Garantiert durch die Gnade von Guru Amar das, der die Hoffnung für die Hoffnungslosen ist, und Guru Ram Das, der der König der Yogis und der Spender von Segnungen in der Vergangenheit, Gegenwart und Zukunft ist, dass das Gebet erhört wird und dass für alle Bedürfnisse

gesorgt ist, unterschrieben,
versiegelt und geliefert!

## Kapitel 9: Yoga anwenden

Yoga ist eine körperliche und geistige Praxis, die ihren historischen Ursprung in der altindischen Philosophie hat. Ähnlich wie andere meditative Bewegungspraktiken beinhaltet Yoga Körperhaltungen, Meditation, Atemtechniken und Entspannung.

### *Yoga definiert.*

Der Begriff "Yoga" bezieht sich auf ein Wort aus dem Sanskrit. Es ist definiert als Verbindung oder Vereinigung.

Dieser Begriff hat bei gesundheitsbewussten Menschen große Verwirrung gestiftet.

Yoga vereint eine Reihe von rein geistigen und rein körperlichen Disziplinen.

Wenn man über Yoga spricht, wird man das Wort "Asana" nie vergessen.

Asana ist als eine der acht Arten des Yoga bekannt. Es konzentriert sich mehr auf das geistige und spirituelle Wohlbefinden. Gegenwärtig behaupten moderne Yogapraktiker, dass Yoga und Asana dasselbe sind. Die beiden Begriffe haben das gleiche Konzept von Meditation und Entspannung.

Yoga-Meditation bringt Ruhe, bessere Gesundheit, Gelassenheit des Geistes, bessere Beziehungen und ein besseres Leben. Es hilft auch bei der Verbesserung der persönlichen Einsichten, philosophische Ideen, wahre Essenz des Wohlbefindens und spirituelle Einsichten. Wenn Sie die

Vorteile von Yoga voll ausschöpfen wollen, müssen Sie wissen, wie man es praktiziert.

**Wie übt man Yoga?**

Yoga zu praktizieren ist keine komplizierte Aufgabe. Man muss nur die genauen Abläufe und Tipps kennen. Nehmen Sie die folgenden Tipps als Leitfaden, um zu erfahren, wie Sie Yoga praktizieren können:

• Finden Sie einen bequemen Ort für Ihre Yoga-Praxis - Je nach Ihrer Wahl können Sie Yoga zu Hause oder an anderen Orten praktizieren. Achten Sie nur darauf, dass Sie einen Ort finden, an dem eine ruhige und friedliche Umgebung herrscht.

- Besorgen Sie sich Ihr Yoga-Zubehör - bevor Sie Yoga üben, müssen Sie eine rutschfeste Yogakarte vorbereiten. Je nach Ihrem Budget können Sie eine Bio-Matte kaufen. Beim Kauf dieses Zubehörs, vergessen Sie nicht, ihre Qualität zu überprüfen. Da Sie dieses Zubehör regelmäßig verwenden müssen, sollten Sie das beste auf dem Markt auswählen.

- Sicherheit und Verletzungsvorbeugung - wenn Sie Yoga praktizieren, müssen Sie auf Ihre Grenzen achten. Wenn Sie schmerzhafte Empfindungen spüren, sollten Sie sich nicht zwingen. Für die besten Praktiken können Sie die Hilfe von Experten in Anspruch nehmen. Das wird oft beobachtet, wenn man keine Ahnung

von den genauen
Abläufen der
Yoga-Meditation hat.

• Wählen Sie die beste
Yoga-Routine - wenn Sie eine
perfekte Yoga-Meditation haben
wollen, können Sie an einem
Yoga-Kurs oder Programm
teilnehmen. Sie können auch jeden
Leitfaden verwenden und versuchen,
es zu Hause anzuwenden. Wenn Sie
Yoga zu Hause praktizieren wollen,
stellen Sie immer sicher, dass Sie die
Anweisungen Ihres Leitfadens
beachten.

• Genießen Sie das Üben - um
Ihre Gesundheit und Ihre spirituellen
Aspekte zu verbessern, müssen Sie
das, was Sie tun, genießen. Auch
wenn Sie die besten Ergebnisse
erzielen wollen, müssen Sie es nicht

übertreiben. Nehmen Sie sich nach dem Training Zeit zum Entspannen.

Wie Sie sehen können, ist das Praktizieren von Yoga zu schnell und einfach. Wenn Sie üben, regelmäßig zu meditieren, erwarten, dass Sie Ihren Geist, Körper und spirituelles Bewusstsein leicht aufbauen können.

**Faktoren, die bei der Auswahl des besten Yoga-Programms oder -Lehrers zu berücksichtigen sind.**

Möchten Sie Yoga praktizieren? Dann müssen Sie wissen, wie Sie das beste Yoga-Programm oder den besten Lehrer finden. Sie können dies tun, indem Sie die folgenden Faktoren berücksichtigen:

- Zertifizierung - dies ist einer der wichtigsten Faktoren, die Sie überprüfen müssen. Ihr bevorzugtes Yoga-Programm oder Lehrer muss eine Zertifizierung haben. Dadurch können Sie leicht feststellen, dass sie effektiv und zuverlässig sind, um sich darauf zu verlassen.

- Yogastil - nicht alle Yogaprogramme sind gleich. Einige Yoga-Klassen beteiligt spezielle Ausbildung, während andere nicht. Um für das beste Yoga für Meditation zu suchen, vergessen Sie nicht, die autorisierten Mitarbeiter zu fragen und fragen, wie sie arbeiten.

- Erfahrung - der beste Yogalehrer verfügt über ein breites Wissen und Erfahrung in diesem Bereich. Daher stellen Sie sicher, dass Sie ihren Hintergrund zu überprüfen, bevor sie mit ihnen zu tun. Wie empfohlen, nehmen Sie sich Zeit, um ein Yoga-Programm mit einem anderen zu vergleichen.

Um sicherzustellen, dass Sie die Routine ständig durchführen, sollten Sie ein Tagebuch führen. Dann gibt es keine Ausreden mehr. Befolgen Sie Ihre Routine, um die besten Ergebnisse zu erzielen, die Sie sich wünschen.

## Kapitel 10: Was die Berühmten über Spiritualität zu sagen haben

Für echte Spiritualität und Fülle in Ihrem Leben müssen Sie in bestimmten Bereichen motiviert sein. Schauen wir uns Zitate für einige dieser besonderen Bereiche an, aus denen Sie lernen und die Sie in Ihr Leben integrieren können.

### Was sagen sie?

• Die Leute sehen diese Seite von mir nicht. Sie wissen nicht, dass ich etwa

800 Millionen spirituelle Bücher gelesen habe. In letzter Zeit beschäftige ich mich sehr viel mit Spiritualität. Jenny McCarthy

• Ich denke, wir müssen vorsichtig sein, was wir als Voraussetzung für Spiritualität bezeichnen. Ich glaube nicht, dass man viel wissen muss, um ein spirituelles Leben zu führen, aber Wissen verleiht dem Leben Reichtum. Olympia Dukakis

• Ich würde mir also wünschen, dass sie eine Art Gewohnheit entwickeln, bei der sie verstehen, dass ihr Leben so voll ist, dass sie es sich leisten können, anderen Menschen auf alle möglichen

Arten zu geben. Ich halte das für eine grundlegende Spiritualität. Susan Sarandon

• Seien Sie nicht verwirrt, dass mein Interesse an Religion, Glauben und Spiritualität von meinem eigenen Glauben oder meiner eigenen Spiritualität bestimmt wird. Peter Jennings

• Das Streben nach Wissen ist kein Krieg mit dem Glauben; Spiritualität ist in der Regel kein unglückliches Amalgam aus Aberglauben und Spießbürgertum; und moralischer Relativismus, der sich außerhalb des Mittelfelds bewegt, führt unweigerlich sowohl zur Häresie als auch zur weltlichen Schlechtigkeit, die oft identisch sind. Conrad Schwarz

•         Ich interessiere mich für Spiritualität und Religion und für unsere Beziehung zum Göttlichen. Giancarlo Esposito

•         Der Ramadan ist im Wesentlichen ein Monat der humanistischen Spiritualität. Tariq Ramadan

•         Religion kann sowohl gut als auch schlecht sein - es ist die Spiritualität, die zählt. Pat Buckley

• Viele meiner atheistischen Mitstreiter halten alles Gerede von "Spiritualität" oder "Mystik" für ein Synonym für Geisteskrankheit, bewussten Betrug oder Selbstbetrug. Ich habe an anderer Stelle argumentiert, dass dies ein Problem ist - denn Millionen von Menschen haben Erfahrungen gemacht, für die "spirituell" und "mystisch" die einzig verfügbaren Begriffe zu sein scheinen. Sam Harris

• Ich gehe nicht mehr in die Kirche, aber ich denke, der Katholizismus ist so etwas wie das Brandzeichen, das man auf Rindern anbringt: Ich fühle mich so sehr von dieser katholischen Form geprägt, dass ich nicht glaube, dass ich eine andere Form der Spiritualität annehmen könnte. Ich empfinde immer noch Trost in Bezug auf Kirchen. Rachel Zwieback

• Jede Spiritualität kann durch die Praxis oder das Studium von Yoga verbessert werden. Christy Turlington

• Die Religion wird von der Gedankenpolizei kontrolliert. Gehorchen. Hör zu. Das ist es, was du tust. Stellen Sie keine Fragen. Geh und stirb für dein Land.' Die Spiritualität sagt: "Okay, du kannst für dein Land sterben, aber du musst wissen, was du

tust, während du es tust."
Tommy Chong


• Mein Großvater
war ein Voodoo-Priester. Ein
großer Teil meines Lebens
hatte mit Spiritualität zu tun.
Ich kann meine Augen
schließen und mich daran
erinnern, woher ich komme.
Wyclef Jean


• Ich bin sensibel für
den Wert von Glaube,
Religion und Spiritualität im
Leben der Menschen, weil
ich ein Journalist bin. Peter
Jennings


• Für mich ist
Religion eine
Vereinbarung zwischen
einer Gruppe von
Menschen darüber, was

Gott ist. Spiritualität ist
eine Beziehung zwischen
zwei Menschen. Steve
Earle


•        Es gibt Dinge, die
von mir kommen, über die
ich sprechen möchte. Meine
Suche nach meiner eigenen
Mischung aus Spiritualität,
mein Bekenntnis zu meiner
Sexualität, mein Dasein als
alleinerziehende Mutter eines
jungen Mannes. Ana Castillo


•        Ich neige
dazu, meinen
eigenen Wert eher
in der Spiritualität
als in der
Religiosität zu
sehen. Kitty Kelley

- Eitelkeit, Angeberei, ist eine Haltung, die Spiritualität auf eine weltliche Sache reduziert, was die schlimmste Sünde ist, die in der Kirche begangen werden kann. Papst Franziskus

- Ich konnte To Sleep with Anger machen, einen sehr kraftvollen Film über Afroamerikaner, ihre Spiritualität und die Dinge, die in einer kleinen Gemeinde und einer Familie geschehen. Danny Glover

- An verschiedenen Punkten in meinem Leben habe ich mich mit dem Gedanken auseinandergesetzt, Priester zu werden - in der High School oder im Jurastudium.

Wo das endet, weiß ich nicht genau. Vielleicht endet es mit dem Tod, mit dem Ringen um die eigene Spiritualität.
James McGreevey


•        Die Wiederherstellung einer spirituellen Tradition, in der die Schöpfung und das Studium der Schöpfung eine Rolle spielen, würde neue Möglichkeiten zwischen Spiritualität und Wissenschaft eröffnen, die die Paradigmen für die Kultur, ihre Institutionen und ihre Menschen prägen würden. Matthew Fox


•        Um June zu spielen, hatte ich sofort eine Verbindung zu ihrem Hintergrund und ihrer Kultur.

Wir sind mit der gleichen Religion aufgewachsen und teilten viele der gleichen Werte wie Familie und Spiritualität. Aber ich war wirklich sehr inspiriert davon, was für eine moderne Frau sie war. Reese Witherspoon

- Ich glaube, es gibt ein großes Problem zwischen Religion oder organisierter Religion, und Spiritualität. Dave Davies

- Für mich bedeutet Spiritualität "egal was passiert". Man bleibt auf dem Weg, man verpflichtet sich zur Liebe, man tut seine Arbeit; man

folgt seinem Traum; man
teilt, versucht nicht zu
urteilen, egal was passiert.
Yehuda Berg


• In der aktuellen
Wirtschaftskrise suchen die
Menschen nach dem, was wir
für die Talsohle halten, und
ich glaube, dass die
Menschen dann zum Film
und zur Spiritualität greifen.
Emilio Estevez


• Man kann
Religion mit
Spiritualität haben.
Man kann auch
Religion ohne
Spiritualität haben.
Eckhart Tolle


• Ich beschäftige mich
auch mit der Spiritualität der
Menschen. Della Reese

- Der Broadway ist eine so vielfältige Gemeinschaft. Jeder weiß, wie ich glaube, und jeder glaubt, und es ist keine große Sache. Aber wenn man in Hollywood über Politik spricht - vor allem, wenn man Republikaner ist - oder über Spiritualität, dann wollen die Leute das einfach nicht hören. Kristin Chenoweth

- Ich mochte den Humor darin, ich hatte schon immer einen Sinn für Humor in Bezug auf Gott, Religion und Spiritualität. Amber Tamblyn

- Wir haben eine Welt, die nach Antworten sucht, die nach einem Weg

zurück zur Spiritualität sucht.
Moira Kelly

## Kapitel 11: Die Vorteile der Spiritualität

Warum müssen die Menschen ihre geistigen Aspekte verbessern? Welchen Nutzen können sie daraus ziehen? Wenn Sie die Gründe dafür nicht kennen, dann müssen Sie eine Untersuchung durchführen. Spiritualität ist der Weg und die Methode der Selbstveränderung, des Handelns und der Verbesserung, die zum Erwachen führt.

Gegenwärtig betrachten sich die meisten Menschen eher als spirituell denn als religiös. Aber diese Spiritualisten haben ihre eigene Definition dessen, was Spiritualität für sie bedeutet. Deshalb unterscheidet sich der spirituelle Weg von dem anderer.

Darüber hinaus hat Spiritualität viele Vorteile. Das ist der Grund, warum die Menschen es vorziehen, ihre spirituellen Aspekte zu entwickeln.

## *Spiritualität bietet...*

•        Klarheit inmitten deiner überfüllten und anspruchsvollen Tage. Wenn Sie sich weiterhin in spirituellen Aktivitäten üben, können Sie den Nebel auf der Linse Ihres Geistes leicht beseitigen. Außerdem kultiviert Spiritualität auch die Aufmerksamkeit, die du brauchst, um deine Aufgaben zu erledigen.

•        Hebt die Stimmung und schafft ein Gefühl der Gelassenheit. Das bedeutet, dass Sie sich nicht so leicht aus der Ruhe bringen lassen, ganz gleich, was für unvorhergesehene Dinge auf Sie einprasseln.

•        Nehmen Sie Ihr Leben auf einer Makroebene wahr. Daher werden Sie sich auf die Praxis als Ihr Werkzeug verlassen, um zurückzutreten und die

Bedrohung zu erkennen, die Sie
zu Fall bringt.


• Zieht dich in die
Unaufgeregtheit des Augenblicks. Es
bedeutet, dass Spiritualität dich davor
bewahrt, dich in der Vergangenheit zu
verlieren und dich auf die Zukunft
vorbereitet.


Verbindet Sie mit Ihrem wahren
Geist. Spiritualität macht dich auch
stärker und du fühlst dich erfrischter
und verjüngter als zuvor.


Nach Ansicht von Experten sind spirituelle
Menschen gütig und mitfühlend. Sie sind
auch selbstverwirklicht und blühen auf.
Außerdem nehmen sich Menschen, die
Spiritualität schätzen, die Zeit, über ihre
täglichen Aktivitäten nachzudenken. Sie

bauen auch bleibende Erinnerungen an ihre Erfahrungen auf.

## Andere wesentliche Vorteile der Spiritualität

Spiritualität führt zu mehr Konzentration im Leben. Praktiken wie die Meditation sind eine Möglichkeit, Ihre Konzentration zu entwickeln. Es bedeutet, dass Sie sich bewusster werden, was Sie in Ihrem Leben tun sollten.

Dies kann Ihnen auch dabei helfen, sich Ziele zu setzen und einen Weg zu finden, den Sie gehen können, um Ihren Erfolg zu erreichen. Außerdem hält die Spiritualität Sie von schlechten oder ungesunden Gewohnheiten fern. Sie kann Ihnen helfen, zwischen richtig und falsch zu unterscheiden. Spiritualität ermöglicht es Ihnen auch, Ihren Stress abzubauen.

Da die Spiritualität viele Vorteile bietet, wollten Sie schon immer Ihre spirituellen Aspekte entwickeln. Anstatt sich über dieses Thema Sorgen zu machen, ist dies Ihre Chance, mit der Meditation zu beginnen.

Ob Sie nun Yoga, Mantras oder andere Meditationsstrategien anwenden wollen, erwarten Sie, dass Sie bekommen, was Sie wirklich wollen.

## Kapitel 12: Motiviert bleiben für Spiritualität

Motivation bedeutet, dass Sie von Ihrem Geist beseelt sind. Menschen, die motiviert sind, handeln mit Integrität und sind sich selbst treu. Motivation ist ein natürlicher Bestandteil des Menschen. Wenn Sie nicht motiviert sind, liegt das daran, dass Sie Ihre kreative und geistige Seite nicht zulassen.

***Motivation definiert.***

Motivation lässt sich auf verschiedene Weise definieren. Hier sind einige der Bedeutungen, die Sie nicht verpassen sollten, um sie zu erfassen oder zu verstehen:

- Liefert einen Grund zum Handeln

Der Grund, den jemand für ein bestimmtes Verhalten oder eine bestimmte Handlung hat.

Prozess, der zielorientierte Verhaltensweisen anleitet, initiiert und aufrechterhält.

Um motiviert zu bleiben, muss man sich selbst disziplinieren. Sie müssen auch wissen, was Sie tun müssen, um sicherzustellen, dass Sie auf dem richtigen Weg sind.

Wenn du für die Spiritualität motiviert bleiben willst, kannst du die folgenden Tipps befolgen:

- Träumen Sie hoch - Wie andere auch, können Sie anfangen, große Träume zu träumen. Wenn Sie das tun, werden Ihr Selbstwertgefühl und Ihr Selbstvertrauen tendenziell zunehmen. Sie werden sich auch leistungsfähiger fühlen und die Fähigkeit haben, Ihre täglichen Unternehmungen zu bewältigen.

- Entwickeln Sie eine Vision für Ihr Leben - der Begriff "Motiv" bezeichnet den Grund für eine Handlung. Dies ist die rationale oder kognitive Seite der Motivation. Wenn Sie eine Vision im Leben haben, werden Sie gezwungen sein, alles zu tun, um sie zu erreichen. Ihre Vision kann jeden Aspekt betreffen, wie z. B. geistige, körperliche, metallische und finanzielle Aspekte.

- Verjüngen Sie Ihre Vision - es ist unbestreitbar, dass die Motivation nicht von Dauer ist. Deshalb müssen Sie sie erneuern. Zu diesem Zweck müssen Sie sich jeden Tag an Ihre Vision erinnern. Außerdem müssen Sie Ihre Vision und Ihr geistiges Bild von einem idealen Leben aufrechterhalten.

- Steigern Sie Ihre Leidenschaft - Emotionen werden als die stärkste Kraft angesehen. Wenn es um Emotionen geht, ist die Leidenschaft die stärkste. Um Ihre Leidenschaft zu schüren, müssen Sie sich auf einen Kurs begeben, der sicherstellt, dass Sie Ihre Vision erfüllen. Außerdem müssen Sie alles tun, was Sie können, um Ihre Emotionen zu steigern und sie zum Erreichen Ihrer Ziele einzusetzen.

• Positiv denken - um Stress zu vermeiden und Ihren geistigen Aspekt zu entwickeln, müssen Sie positiv denken. Sie müssen auch Ihren Geist mit guten Ideen von großen Geistern füllen. Je nach Ihrer Wahl können Sie weitere Hinweise durch das Lesen von Büchern, Ratgebern und vielem mehr erhalten.

• Genießen Sie und nehmen Sie sich Zeit zum Ausruhen - um motiviert zu bleiben, müssen Sie sicherstellen, dass Sie das tun, was Sie wirklich wollen. Sie müssen sich auch nicht dazu zwingen, bestimmte Dinge zu tun. Sorgen Sie dafür, dass Sie sich Zeit zum Ausruhen nehmen.

Die meisten Menschen behaupten, dass es ziemlich schwierig ist, motiviert zu bleiben. Das Leben kann mit einer Reihe von Enttäuschungen und Misserfolgen gefüllt sein. Aber auch wenn Sie unter einem extremen Problem leiden, können Sie sich davon befreien. Man muss nur wissen, wie man es macht.

Wenn Sie motiviert sind, werden Sie bekommen, was Sie erreichen wollen. Machen Sie also einen richtigen Schritt und sehen Sie, wie es Ihnen hilft, Ihre Vision zu verfolgen, sowohl in persönlicher als auch in spiritueller Hinsicht.

## Kapitel 13: Auf dem richtigen Weg bleiben

Haben Sie einen großen Traum im Leben? Dann versuchen Sie wahrscheinlich, alles zu tun, was Sie können, um ihn zu verwirklichen. Ob es nun um körperliche, geistige oder andere Dinge geht, Sie können leicht bekommen, was Sie wollen. Wie können Sie Ihre Vision erreichen? Die Antwort ist ganz einfach. Sie müssen nur auf dem richtigen Weg bleiben.

***Auf Kurs bleiben.***

Damit Sie Ihre Ziele nicht aus den Augen verlieren, müssen Sie mehrere Schritte beachten. Hier sind sie:

- Konzentrieren Sie sich auf weniger Ziele - jedes Ziel erfordert Anstrengung. Daher ist es nicht ratsam, mehr als zwei Ziele auf einmal zu verfolgen. Sie sollten mit weniger Zielen beginnen und dann zum nächsten übergehen. Wenn Sie viele Ziele haben, müssen Sie Ihre Prioritäten kennen.

- Vorausplanen - der Hauptgrund, warum Ziele nicht erreicht werden, ist, dass die Menschen nicht vorausplanen. Planung ist zu schnell und einfach. Wenn es Ihnen schwerfällt, nehmen Sie Ihr Tagebuch. Schreiben Sie dann auf, was Sie wollen, und beginnen Sie mit einer Liste, wie Sie Ihre Ziele erreichen können.

- Wenn du deinen spirituellen Aspekt entwickeln willst, musst du dir überlegen, wie du meditieren willst. Da es verschiedene Arten der Meditation gibt, ist es auch am besten, ihre genauen Abläufe und Methoden zu kennen.

- Entwickeln Sie gute Gewohnheiten - wenn Sie gute Gewohnheiten entwickeln, können Sie leicht Fortschritte machen. Wenn Sie sich zum Beispiel selbst kontrollieren können und sich dazu inspirieren, jeden Tag zu meditieren, werden Sie die positiven Ergebnisse sehen.

- Verfolgen Sie Ihre Fortschritte - auf diese Weise können Sie leicht feststellen, ob Sie sich verbessern oder nicht. Nehmen Sie dazu einfach Ihr Tagebuch und beginnen Sie mit der Aufzeichnung. Sie können auch jeden Monat eine Liste der wichtigsten Erfolge schreiben.

•       Holen Sie sich Ermutigung - um auf Kurs zu bleiben, brauchen Sie unterstützende Freunde und Familien. Mit ihnen als Inspiration werden Sie sich bemühen, Ihre Vision zu verwirklichen.

Darüber hinaus können Sie auf dem richtigen Weg bleiben, wenn Sie Ihre Ziele alle zwei Wochen neu bewerten. Falls Sie Fehler machen, verlieren Sie nicht die Hoffnung. Verfolgen Sie stattdessen Ihre Träume weiter. Dann werden Sie bald merken, dass Sie auf dem richtigen Weg sind. Um auf dem richtigen Weg zu bleiben, müssen Sie sich nicht unter Druck setzen. Sie können es ganz natürlich tun, vor allem, wenn Sie Ihre täglichen Aktivitäten genießen.

## Die fünf wichtigsten Dinge, um Ihr Herz spirituell zu öffnen.

Innehalten und zur Ruhe kommen - was immer Sie tun, halten Sie mindestens fünf bis zehn Minuten inne. Schließen Sie dann Ihre Augen, atmen Sie tief durch und bitten Sie um Bereitschaft, Führung, Kraft und Gnade.
Hören Sie anderen zu - wenn Sie merken, dass Sie die Konzentration verlieren, halten Sie inne und lernen Sie, sich neu zu konzentrieren. Außerdem verpassen Sie nicht, wichtige Erkenntnisse von anderen Menschen zu erhalten.

Bleiben Sie positiv - Fordern Sie sich selbst heraus, zu lächeln und so viele Menschen wie möglich zu grüßen. Das ist eine ausgezeichnete Methode, um positive Energie anzuziehen.

Gehen Sie auf andere zu - Nehmen Sie sich Zeit, um mit Eltern, Kindern, älteren Menschen oder anderen zu kommunizieren. Erkennen Sie dann deren Eigenschaften, die Sie in sich selbst fördern wollen.

Schreiben Sie darüber - das Führen eines Tagebuchs ist eine Möglichkeit, Einsichten zu gewinnen. Es ist auch eine Möglichkeit, die Perspektive zu ändern und Maßnahmen zu planen. Auf diese Weise können Sie sich durch schmerzhafte Erfahrungen hindurch auf einen Weg des spirituellen Wachstums und der Heilung begeben.

Mit diesen Tipps können Sie leicht in der Spur bleiben. So können Sie Ihre persönlichen oder spirituellen Visionen im Leben verwirklichen.

## Kapitel 14: Vorsätze für die Spiritualität fassen

Wenn Sie sich Vorsätze für die Spiritualität machen wollen, müssen Sie wissen, wie Sie das anstellen. Sie müssen nicht, wie andere, Vorsätze fassen, die schwer zu befolgen sind. Achten Sie darauf, dass Ihre Vorsätze leicht zu erreichen sind.

### Tipps für das Verfassen von Vorsätzen für die Spiritualität

Einen Vorsatz für die Spiritualität zu schreiben, erfordert nicht mehr Zeit und Mühe. Sie müssen nur wissen, was Sie wirklich ändern wollen. Dann fangen Sie an, es in Ihrem Tagebuch aufzuschreiben. Je nachdem, wofür Sie sich entscheiden, können Sie Experten um Hilfe bitten. Sie können auch Ihre früheren Erfahrungen nutzen, um die besten Vorsätze für Spiritualität zu planen.

Wenn Sie nicht wissen, wie man einen Vorsatz schreibt, können Sie auch verschiedene Anleitungen wie Bücher oder spirituelle eBooks verwenden. Was auch immer Sie verwenden wollen, achten Sie darauf, dass Sie ein SMART-Ziel schreiben. Das bedeutet, dass Ihre Vorsätze spezifisch, messbar, erreichbar, realistisch und zeitgebunden sein müssen.

**Top-Vorsätze für Spiritualität, die Sie befolgen können.**

Es gibt verschiedene Möglichkeiten, wie Sie Ihre geistigen Aspekte verbessern können. Hier sind sie zu Ihrer Orientierung:

1. Verbessern Sie Ihr Gebetsleben - die meisten Menschen nehmen sich nicht genug Zeit zum Beten. Einige von ihnen vernachlässigen auch den Besuch ihrer örtlichen Kirche. Um ihr Gebetsleben zu verbessern, müssen Sie damit beginnen, jeden Morgen mindestens fünf Minuten zu beten. Dann fügen Sie jeden Tag eine weitere Minute hinzu, bis Sie merken, dass Sie es auf natürliche Weise tun.

2. Lesen Sie Ihre Bibel - um Ihren geistlichen Aspekt zu verbessern, müssen Sie wissen, was in der Bibel steht. Das kannst du tun, indem du in deiner Freizeit zumindest

ein paar Seiten liest. Je nachdem, wie du dich entscheidest, kannst du allein oder mit deiner Familie in der Bibel lesen.

3.     Anderen Menschen helfen - Gott ruft in der Bibel jeden auf. Um das Gelesene und Gelernte anzuwenden, müssen Sie anderen helfen. Die meisten Kirchen haben gemeinnützige Aktivitäten. Sie können an diesen Aktivitäten teilnehmen, besonders während Ihrer freien Zeit.

4.     Engagieren Sie sich in der Kirche - Einer der besten Vorsätze für Spiritualität ist, sich in der Kirche zu engagieren. Je nach Ihrer Wahl können Sie mindestens einmal pro Woche an ihren Aktivitäten oder Treffen teilnehmen.

5. Verwenden Sie eine Andacht - wenn Sie den Kontext der Bibel verstehen, bleibt Ihr Kopf in Gottes Wort. Aber Sie können auch eine Andacht verwenden, um die Konzepte zu verstehen. Wenden Sie sie dann auf Ihr tägliches Leben an.

Um sicherzustellen, dass Sie diese Vorsätze einhalten, müssen Sie ein Tagebuch führen. Ihr Tagebuch dient Ihnen als Leitfaden für Ihre täglichen Aktivitäten. Es kann auch als Gedächtnisstütze verwendet werden, um sicherzustellen, dass Sie Ihre Vorsätze einhalten. Wie empfohlen, ist es am besten, einen Vorsatz mit deinen Freunden zu fassen.

Wenn Sie Freunde haben, die die gleichen Ziele verfolgen, können Sie Ihre täglichen Aktivitäten leicht überwachen. Ihr Freund wird Sie auch ermutigen, Ihre Ziele zu verfolgen.

Mit Ihren Vorsätzen für die Spiritualität müssen Sie sich keine Gedanken darüber machen, wie Sie Ihre spirituellen Aspekte verbessern können.

Manchmal ist es gar nicht so einfach, seine spirituellen Vorsätze einzuhalten. Das ist der Grund, warum man motiviert bleiben muss. Wenn du dich immer wieder an deine Ziele erinnerst, kannst du deine Visionen im Leben leicht erreichen.

Wie bereits erwähnt, ist es nicht allzu schwer, das Konzept der Spiritualität zu verstehen. Sie müssen nur einen perfekten Leitfaden verwenden, um Ihren Geist zu erleuchten. Mit diesem Leitfaden müssen Sie nicht in verschiedenen Quellen stöbern. Sie werden alles lernen, was Sie wollen, und sich Ihrer Handlungen bewusst sein.

Möchten Sie Ihre spirituelle Seite entwickeln? Dann machen Sie jetzt den richtigen Schritt! Ob Sie nun jung oder alt sind, Sie haben immer noch die Möglichkeit, Ihre Spiritualität zu verbessern. Dadurch können Sie Ihr Leben noch freudiger und effektiver gestalten.


Die Entscheidung liegt in Ihren Händen. Wenn Sie wirklich Ihre geistigen Aspekte entwickeln wollen, werden Sie die oben genannten Tipps befolgen. Sie werden auch die Macht des Gebets und der geistigen Vorsätze nicht ignorieren.

## Kapitel 15: Schlussfolgerung

Wir alle wollen vorankommen, uns selbst verbessern, ein besseres Leben für unsere Lieben schaffen und uns als Bürger dieses Planeten weiterentwickeln.

Das stärkste Element der unaufhörlichen Dankbarkeit ist die Art und Weise, wie sie Sie davor bewahrt, in unzufriedene Gedanken zu verfallen - Gedanken der Knappheit und des Mangels. Eine andere Möglichkeit, dies zu vermeiden, besteht darin, nicht mehr in die Vergangenheit abzudriften oder sich über die Zukunft aufzuregen.

Die Vergangenheit ist vorbei; man kann nichts mehr ändern, was früher geschehen ist. Es ist sinnlos, sich mit vergangenen Fehlern oder Sorgen zu befassen. Halten Sie sich von den Fallstricken der "Hätte, könnte oder würde"-Mentalität fern. Die Fehler der Vergangenheit sind nur so lange wichtig, wie Sie aus ihnen gelernt haben.

Ebenso zwecklos ist es, die Zukunft vorauszusehen und sich Gedanken darüber zu machen, was in den kommenden Jahren geschehen wird. Das heißt nicht, dass Sie keine Pläne machen sollten, aber schreiben Sie sie nicht in Stein. Vielleicht müssen Sie manchmal zu Plan B übergehen.

Eines der wichtigsten Dinge, die Sie tun können, um sich auf den Reichtum vorzubereiten, der auf Sie zukommt, ist, Ihren Haushalt aufzuräumen - im wörtlichen und im übertragenen Sinne. Sie müssen neu bewerten, was in Ihrem Leben wichtig ist. Trennen Sie sich von unnötigem geistigen Ballast, der verhindert, dass neue Gedanken und Meinungen in Ihren Kopf gelangen können. Beseitigen Sie alte schlechte Gewohnheiten, die Sie in der Mentalität des Mangels festhalten, und machen Sie dann Platz für neue gute Gewohnheiten, die Ideen und Gefühle, die die Fülle in Ihr Leben ziehen, anstatt sie zu vertreiben.

Das größte Hindernis, das die Fülle von Ihrem Leben fernhält, ist das

Durcheinander. Das stimmt, ich sagte "Durcheinander". Sehen Sie sich heute um. Sehen Sie ein paar zerstörte Möbel, beschädigte Kleidung, die zerknitterten Teile, aus denen Ihr Haus besteht? Je mehr Trümmer Sie um sich herum haben, desto weniger Platz haben Sie in Ihrem Leben für die großen Dinge.

Ersetzen Sie das zerstörte Chaos durch Schönes, das Ihre Seele beflügelt, durch das Lebensnotwendige, das Ihnen Behaglichkeit verschafft, durch die Musik, die Ihr Herz erfreut und Sie zum Schmunzeln bringt. Du musst das Alte und Hässliche ausmisten, um Platz für das Neue und Erstaunliche zu schaffen.

Nach welchen Kriterien sollten "die Menschen" entscheiden, was geht und was bleibt? Das ist eigentlich ganz einfach. Alles, was im Moment wirklich nützlich ist (nicht das, was eines Tages nützlich sein könnte), sollte bleiben. Wenn sie in dieser Minute keine Verwendung für einen Gegenstand finden können, sollten sie ihn loswerden. Und sie sollten es behalten, wenn sie den Gegenstand wirklich schön finden, nicht nach den Vorstellungen anderer, sondern nach ihren eigenen. Wenn es also im Moment wirklich nützlich oder wirklich schön für sie ist, dann bleibt es. Ansonsten laden Sie es auf und entsorgen es.

Vielleicht fragen Sie sich jetzt: "Was hat ein Haus, das frei von überflüssigem Gerümpel ist, mit Überfluss zu tun?" Das ist ganz einfach. Wie kann die Fülle Sie finden, bevor Sie nicht die Unordnung, das kaputte, verwaschene, fleckige alte Zeug aus Ihrem Leben entfernt haben? Es gibt keinen Platz für sie, bevor Sie nicht Ihren Haushalt aufgeräumt haben - geistig, emotional und körperlich.

Wenn Ihr Haushalt entrümpelt ist, können Sie das einbringen, was Ihre Seele beflügelt, Ihren Verstand erfreut und Ihr Herz erfreut. Bringen Sie die bedeutungsvollen Gegenstände, die wirklich schönen Stücke herein.

Es ist von entscheidender Bedeutung, dass Sie entscheiden, was Sie sich in Ihrem Leben wünschen, entsprechend

Ihren eigenen persönlichen Werten, und dann eine Entscheidung treffen, diese Werte in die Tat umzusetzen. Indem Sie einfach leben, laden Sie die Fülle in Ihre Lebensgeschichte ein. Solange Ihr Haushalt und Ihr Gehirn mit Dingen vollgestopft sind, gibt es keinen Platz für den Fluss der Fülle. Vereinfachen Sie Ihr Leben.

Sie werden nicht nur anfangen, sich besser zu fühlen, sondern das wird sich auch in allem zeigen, was Sie erreichen. Es wird sich darin zeigen, wie Sie mit geliebten Menschen und Freunden umgehen. Sie werden sich wohler fühlen, glücklicher, weniger gestresst und in Ihrem Herzen und in Ihrem Verstand viel leichter sein.

Persönliches an dich als Leser:

Ich hoffe, dieses Buch war eine große Hilfe für dich und hat viele deiner Fragen über das Gesetz der Anziehung beantwortet. Ich hoffe, es hat dir auch geholfen zu verstehen, wie du das Gesetz der Anziehung zu deinem Vorteil nutzen können und warum es vielleicht bisher nicht funktioniert hat.

Ich schreibe, um meiner Kenntnisse weiterzugeben. Natürlich in der Hoffnung dir dein Leben leichter und glücklicher zu gestalten.

Ich habe keine Ahnung von Korrektorat oder Lektorat, vom Marketing, Werbung oder was man sonst wissen sollte, um ein Buch zu veröffentlichen. Ich schreibe für meine Leser, deshalb möchte ich mich entschuldigen, wenn du in meinem Buch Rechtschreib- oder Grammatikfehler gefunden hast. Ich bin herrlich unvollkommen aber ich gebe mir sehr viel Mühe, jedes Buch mit sehr viel Mühe und Liebe an dich zu vermitteln.

Ich danke dir für deine Zeit und wünsche dir von Herzen viel Glück!

Bitte nimm dir ein paar Minuten Zeit, das Buch zu bewerten. Es kann anderen Lesern helfen, sich zu entscheiden, und mir wäre es eine große Hilfe und eine riesige Freude. Lieben Dank dafür.

In Liebe Esmiralda

Du findest mehr über mich und meine Arbeit auf meiner Homepage:

www.esmiralda-kartenlegen.de

Ich schreibe regelmäßig kleine spirituelle Artikel auf meinem Blog:

https://esmiralda.home.blog

Weitere Buchempfehlung:

ISBN:

9783754342893

Inhaltsangabe zu „Das Gesetz der Anziehung in einfacher Anwendung"

Dieses Buch liefert eine Schritt für Schritt Anleitung, wie auch du dieses Gesetz der Anziehung verstehst und anwenden kannst. Selbst wenn du bereits viel zu diesem Thema gelesen hast und mit Zweifeln nach Lösungen gesucht hast, wird dir dieser Ratgeber zeigen, was bisher schief gelaufen ist.

Das Buch richtet sich vor allem an die Menschen, die bereits einiges unternommen haben aber das Gesetz der Anziehung, bisher nicht funktionierte. Das Buch hat sich zur Aufgabe gemacht, genau diese

Fehlerquellen zu finden und brauchbare Umsetzungen genau zu beschreiben.

Die Kraft des Gesetzes der Anziehung steht jedem zur Verfügung! Dennoch scheitern viele Menschen und glauben nicht mehr an ihr Glück. Glück ist ein Lebensanrecht und dieses Buch wird dir helfen zu erkennen, wie individuell das Gesetz angewendet werden muss. Es zeigt dir, warum viele Ratgeber nicht funktioniert haben und wie auch du deine Ziele erreichen kannst.